COCOROTO

APULEYO EDICIONES   FOMENTO DE VALORES   CUENTOS ILUSTRADOS

Bienvenidos y bienvenidas al maravilloso mundo del cuento ilustrado.

Apuleyo Ediciones desea a todos los niños y niñas una feliz lectura que inspire vidas y llene de valores sus sueños.

¡Comenzamos!

© Jorge Aranda Zarzuela (de la obra)
©Apuleyo Ediciones (de esta edición)
Primera edición en Apuleyo Ediciones: septiembre 2024
Diseño de cubierta: Sofía Corzo González
Corrección: Aitor Andreu Guerrero
Maquetación: Ernesto Pérez Martínez
Ilustraciones: Juanjo Jiménez
Coordinación editorial: Isidoro Cidre González
info@apuleyoediciones.com
www.apuleyoediciones.com
ISBN: 978-84-1060-044-7
Depósito legal: H 649-2023

Hecho e impreso en España.

Dedicado a Hugo, Unai, Laia, Eric, Oier e Izan,
por ayudarme a sacar a Cocoroto de su jaula.

Este es Cocoroto, un pollito muy muy pequeño.
Es muy bueno e inteligente, siempre tiene una
respuesta para todo y es el animal más pequeño
de su clase, el más pequeño de su colegio y el más
pequeño de su pueblo.

Algunos compañeros de su clase le hacían rabiar por su tamaño. Le decían:

—¡Cocoroto, chiquitajo! ¡Cocoroto, pequeñajo!

Y Cocoroto siempre les contestaba lo mismo:

—El tamaño no se elige, al igual que no se elige el color del pelo, el color de la piel, el tamaño de tus orejas o si tienes que llevar las gafas puestas. ¡Y sí!, ¡yo soy pequeño! ¿Y qué? Puede que sea el más pequeño del colegio, pero seguro que puedo hacer cosas que vosotros, que os creéis tan **grandes** y **fuertes**, no podríais hacer.

Al escucharlo, el resto de los animales siempre se reían y le decían:

—¡Anda, Cocoroto! ¡¿Qué va a poder hacer un pequeño que no pueda hacer un **grande**?!

Y Cocoroto sonreía y seguía a lo suyo.

Cocoroto tenía dos muy buenos amigos; uno era el animal más **alto** de la clase, el más **alto** del colegio y el más **alto** de su pueblo. Se llamaba Jirafa y quería mucho a Cocoroto, aunque de vez en cuando también le hacía rabiar.

Cuando iban dando un paseo y había un árbol muy alto, Jirafa quitaba una hoja de lo más alto de la copa y le decía a Cocoroto:

—A ver si tú puedes coger otra hoja.

Y el pollito saltaba y saltaba, pero no conseguía ni siquiera acercarse a una de las hojas más bajas; por lo que terminaba cogiendo una del suelo y se la daba a Jirafa diciendo:

—¡Ahí tienes tu hoja!

El otro gran amigo de Cocoroto era el animal más **fuerte** de la clase, el más **fuerte** del colegio y el más **fuerte** del pueblo. Se llamaba Elefante y le encantaba jugar con Cocoroto porque siempre se inventaba juegos muy divertidos. También le hacía rabiar alguna que otra vez.

Cuando iban por el parque y había un árbol grande, Elefante lo agarraba con sus dos patas, lo movía muy fuerte y agitaba todas las ramas y hojas del árbol y le decía a Cocoroto:

—A ver si tú puedes mover esas ramas y hojas.

Cocoroto agarraba con sus dos pequeñas alas el tronco del árbol y, con todas sus fuerzas, intentaba zarandearlo, pero el árbol no se movía ni un poquito.

Al final, esperaba a que viniera una ráfaga de viento que moviera el árbol y le decía a Elefante:

—¡Ahí tienes a tu árbol moviéndose!

Un día estaban todos los animales del colegio jugando al escondite y Cocoroto, Jirafa y Elefante, buscando el mejor escondite posible, encontraron una jaula. Los tres se metieron dentro, con tan mala suerte que el culo de Elefante pegó en la puerta y esta se cerró. ¡Y no tenían la llave!

Buscando, vieron que la llave estaba fuera de la jaula y Cocoroto, Elefante y Jirafa estiraron sus patas todo lo posible para llegar hasta ella, pero no podían. Estaba demasiado lejos.

Los tres se pusieron a mirar por toda la jaula y a pensar en cómo salir de allí y, justo cuando Cocoroto iba a decir algo, Jirafa gritó:

—¡Yo os sacaré de aquí! Soy el animal más **alto** de este pueblo. Treparé por la jaula, la saltaré, cogeré la llave y os abriré.

Jirafa agarró los barrotes y empezó a trepar.

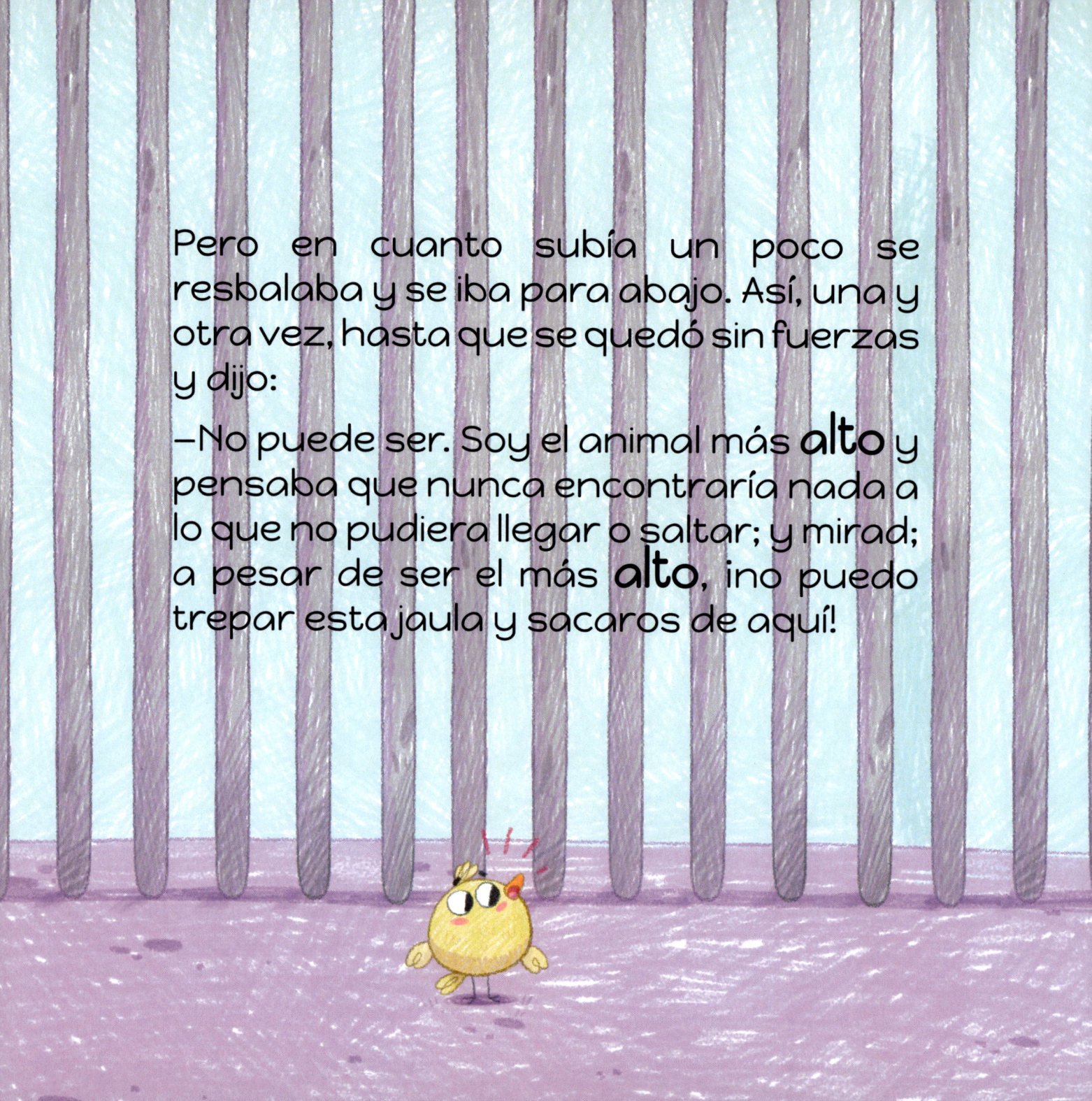

Pero en cuanto subía un poco se resbalaba y se iba para abajo. Así, una y otra vez, hasta que se quedó sin fuerzas y dijo:

—No puede ser. Soy el animal más **alto** y pensaba que nunca encontraría nada a lo que no pudiera llegar o saltar; y mirad; a pesar de ser el más **alto**, ¡no puedo trepar esta jaula y sacaros de aquí!

Y Jirafa se fue triste a un rincón.

Entonces, Elefante dijo:

—¡No os preocupéis! ¡Yo os sacaré de aquí! Soy el animal más **fuerte** del pueblo. Agarraré los barrotes con mis patas y con mi fuerza separaré los hierros y podremos salir de aquí.

Agarró los barrotes con todas sus fuerzas y empezó a tirar de ellos, pero no se movieron ni un poquito. Elefante lo intentó e intentó hasta que se quedó sin fuerzas y dijo:

—No puede ser. Soy el animal más **fuerte** y pensaba que nunca encontraría nada que no pudiera mover o romper; y mirad; a pesar de ser el más **fuerte**, ¡no puedo mover ni un poquito los hierros de esta jaula! Si Jirafa, que es el animal más **alto**, no ha podido treparla y yo, que soy el animal más **fuerte**, no he podido romperla... ¡nadie nos sacará de aquí!

Y Elefante se fue triste a otro rincón.

Jirafa y Elefante miraron a Cocoroto, que estaba tan tranquilo en medio de la jaula, y le preguntaron:

—Cocoroto, tú, que eres el más pequeño, ¿no estás asustado?

Y él les contestó:

—Puede que sea el más pequeño. Puede que sea tan pequeño que no pueda escalar la jaula como Jirafa; y puede que sea tan pequeño que no pueda romper los barrotes como Elefante. Pero yo... ¡os voy a sacar de aquí!

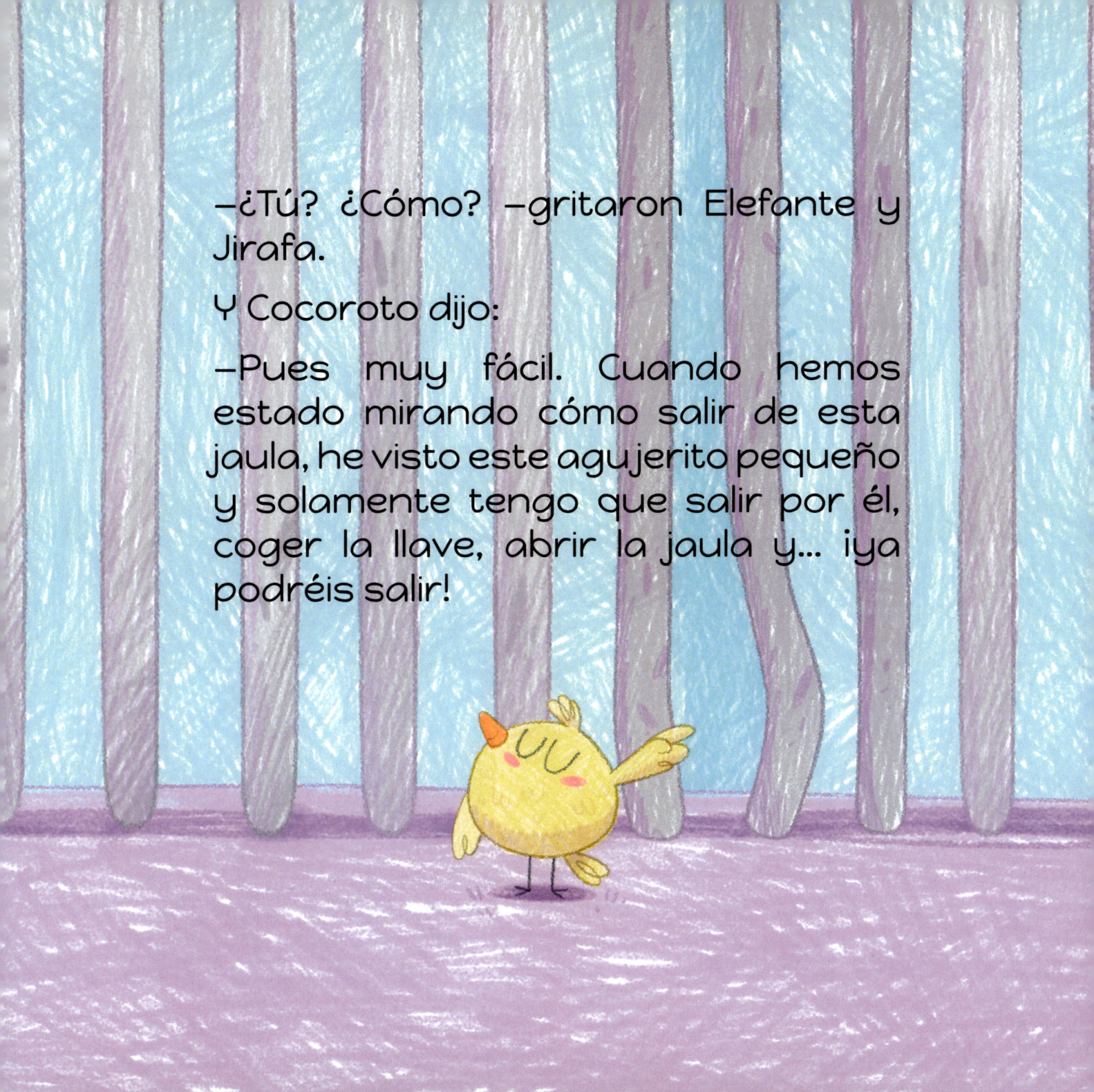

—¿Tú? ¿Cómo? —gritaron Elefante y Jirafa.

Y Cocoroto dijo:

—Pues muy fácil. Cuando hemos estado mirando cómo salir de esta jaula, he visto este agujerito pequeño y solamente tengo que salir por él, coger la llave, abrir la jaula y... ¡ya podréis salir!

Elefante y Jirafa se pusieron muy contentos de que Cocoroto estuviera en la jaula con ellos.

El pollito salió por el agujero, cogió la llave, abrió la puerta tal y como había dicho y sus amigos salieron todo lo rápido que pudieron. Jirafa y Elefante fueron corriendo a contar a todos los amigos del colegio cómo Cocoroto los había sacado de la jaula.

Todos se dieron cuenta de que solo el pequeño Cocoroto podría haberlos sacado de allí y empezaron a gritar:

—¡COCOROTO, ERES EL MEJOR!
¡COCOROTO, ERES EL MEJOR!
¡COCOROTO, ERES EL MEJOR!

Y desde entonces, todos querían jugar con Cocoroto. Y nunca más se volvieron a meter con él por su tamaño, aunque él seguía esperando al viento para mover las hojas de los árboles.

COCOROTO

APULEYO EDICIONES   FOMENTO DE VALORES   CUENTOS ILUSTRADOS

Jorge Aranda Zarzuela

APULEYO EDICIONES   FOMENTO DE VALORES   CUENTOS ILUSTRADOS

Jorge Aranda Zarzuela

APULEYO EDICIONES   FOMENTO DE VALORES   CUENTOS ILUSTRADOS